Die Seelenvenus

GEDICHTE

Heike Hoffmann

Impressum

Das Werk ist urheberrechtlich geschützt. Die Texte und
Illustrationen unterliegen dem Copyright.
Die Erstellung von digitalen Kopien, das digitale Speichern und
die Weiterverbreitung von Texten in Netzwerken, per E-Mail, im
Internet oder sonstigen elektronischen Medien bedürfen
ausdrücklich eine schriftliche Genehmigung der Autorin.

Bibliographische Information der Deutschen Nationalbibliothek:
Die Deutsche Nationalbibliothek verzeichnet diese Publikation
in der Deutschen Nationalbibliographie, detaillierte
bibliographische Daten sind im Internet über
http: // dnb.dnb.de abrufbar.

Copyright 2020 Heike Hoffmann
Coverdesign: Sabina Nore
Herstellung und Verlag
BoD – Books on Demand, Norderstedt
ISBN: 9783752610000

Es gibt ein Wunder, woran ich glaube
doch weder Mystik noch Magie
schenkt meiner Seele das Vertrauen,
mich weckt des Frühlings Szenerie.

Prolog

Alles hat seine Zeit, seine Stunde und seinen
Augenblick. Die Stunde hat geschlagen, hell, klangvoll
und ausdrucksstark.
Die Leidenschaft für das schöne Gedicht, harmonische
Rhythmen, humorvolle Worte, nachdenkliche Verse
und das lyrische Wandern durch die Natur blieben mir
seit meinem ersten Werk „Die Seelenmuse" erhalten
und der Kreativität standen keine Grenzen im Weg.
So wanderte ich durch grüne Täler und bestieg hohe
Berge, endlos viele Gedanken begleiteten mich durch
jeden neuen Tag.

Ermuntert durch die Resonanz vieler Leser habe ich
mich entschieden, einen dritten Lyrikband zu
veröffentlichen und eine Trilogie entstehen zu lassen.
„Die Seelenvenus" erhielt ihren Namen inmitten einer
warmen Sommernacht als ich einen besonders hellen
Stern am Himmel erblickte. Diese Nacht war still und
geheimnisvoll, sie lächelte mir zu und ich hörte ihr
magisches Flüstern. Ich folgte dem Abendstern und
spürte Freude in meiner Seele. Es dauerte nicht lang
und ich realisierte, welches Rendezvous die Venus
eingegangen ist.

„Die Seelenvenus" erscheint blumig, singend und
heiter, sie verweigert keinen Tanz und lässt sich auch
von der Stille verführen.
Versunken in ihren Träumen erobert sie eine Welt,
gehüllt in Harmonie und Fantasie.
Sie pflückt eine Rose, spaziert über Felder voller Ähren
und pfeift ihr Lieblingslied.
Ihr begegnen Menschen, die an ein Morgen glauben,
die ihre Tränen trocknen und die Energie der Gezeiten
spüren.
„Die Seelenvenus" erzählt Gedichte aus ihrem Alltag,
sie schreibt Geschichten aus dem Leben und lädt den
Leser ein, sich zu ihr zu setzen, um für eine Weile sich
Ruhe zu gönnen und den Turnus zu verlassen.

Die Seelenvenus

S eelentänze
E legant den Morgen
E ntführen, in Sehnsucht dem
L iebreiz ergeben,
E rwacht der Tag in
N uancen leuchtender Farben,
V erlockend ihrer Düfte
E ifern die Götter
N ebulös im Zauber am
U fer des Meeres, wartend auf die
S eelenvenus

Kapitel I

Die singende Venus

Lausch deiner Stimme
ohne ein Wort zu sagen,
allein die Stille

wird dich die Wahrheit lehren
deine Gedanken lenken.

Liebesgeflüster

Ich atme lieblich deine Träume
inhalier des Waldes Luft
ergebe mich der Seele Duft
erwache sanft im Ruf der Bäume.

Ich greife still nach deinen Händen
liebevoll sie mich umgeben
auf und nieder leise schweben
im Schoße Fantasie mir senden.

Ich folge sinnlich deinen Worten
berührend wie ein Harfenklang
genieße lustvoll den Gesang
mit dir allein an süßen Orten.

Ich schenke dir der Rose Sein
stolz im Wuchse ihre Pracht
Blütenzauber sanft und sacht
Oh Liebster heute bin ich Dein.

Morgenstunde

Jung ist der Morgen
noch unberührt,
Neugier mich weckt
fern aller Sorgen
hab ich die Lust
am Leben entdeckt.

Die Sonne mir lacht
Musik leis erklingt,
ich folge dem Tanz
ganz unbedacht
meine Sinne berührt
im Lichterglanz.

Jung ist der Morgen
er flüstert mir sacht,
Blätter sich wiegen
Blüten geborgen
die Stille der Straßen
die Nacht besiegen.

Frühlingserwachen

Im März, im Märzen
beginnen die Herzen
viel höher zu schlagen
sie mögen dir sagen
die Zeit wird beginnen
wo Vögel froh singen
die Blumen bunt sprießen
auf endlosen Wiesen.

Im März, im Märzen
sind Tage zum Scherzen
die uns animieren
nach Freude zu gieren
die Trauer vergessen
zum Tanze besessen
das Leben genießen
den Frühling begießen.

Die erste Hyazinthe

Die erste Hyazinthe
die Wiese festlich schmückt,
setz mich zu ihr hernieder
ihr Anblick mich entzückt.

Ihr Duft mich betöret
schön wie ein Gedicht
die Blüten voller Zauber
wie Porzellan im Licht.

Die erste Hyazinthe
im Frühling ist erwacht
von Fröhlichkeit umgeben,
blüht sie in voller Pracht.

Morgenröte

Ein sanftes Öffnen
ein zartes Leuchten
vertraut das Lächeln
in Wärme gehüllt.

Ein sanftes Flüstern
ein zartes Streicheln
ein lieblicher Kuss
den Tag bunt verziert.

Ein sanftes Atmen
ein zartes Wispern
frohlockender Tanz
das Herz leise hüpft.

Ein Vogelzwitschern
heller Gesang
ergeben der Wonne
im Sonnenaufgang.

Gegenwart

Ich bin gegangen durch die Straßen
still war es und furchtbar leer
Vögel zwitschernd mich begleiten
bunte Blüten ringsumher.

Und so blieb ich sprachlos stehen
hörte den Gesängen zu
fühlte mich so sehr geborgen
schöpfte Freude in der Ruh.

Und so träumte ich versunken
nahm die Sonne an die Hand
führte sie durch meine Welten
knüpfte mir ein golden Band.

Tage am Meer

Manchmal sind es raue Tage
Wind peitscht wild mir ins Gesicht
barbarisch tobt und kämpft das Meer
auf den Wellen schäumt die Gischt.

Und ich singe Liebeslieder
im Duett mit dem Orkan
lass mich treiben von den Stürmen
die Einsamkeit entfliehen kann.

Manchmal sind es laue Tage
Wind streicht sanft mir übers Haar
laufe barfuß durch die Dünen
ich fühl das Paradies so nah.

Und ich strahle mit der Sonne
wandere der Flut entgegen
lausche dem Geräusch der Möwen
verzaubert durch des Meeres Segen.

August

August, August
du machst mir Lust
auf deine lieblich
süßen Früchte,
in schönsten Farben
voller Glanz
wag ich am Morgen
diesen Tanz,
bevor der Sommer
sich verneigt
der Herbst uns
seine Winde zeigt
genieße ich dein
herrlich Flair,
daheim und lieber
noch am Meer.

Allein

Allein
in deinem Kämmerlein
lässt du die Tränen zu,
erst wenn durchtränkt
das Seidentuch
erreicht dich leise deine
Ruh.

Allein
in deiner Seelenwelt
ein Flüstern dich entführt,
erst wenn der Schmerz
das Licht erblickt
ein Lächeln neue Hoffnung
schürt.

Allein
in jener tiefen Nacht
der Mond dir zaghaft winkt
erst wenn dein Herz
die Angst besiegt
hörst du wie schön der Vogel
singt.

Oktober

Wenn der September leise zieht,
verlockend froh und sanft zugleich
sich labend an den Früchten reich
summt der Oktober schon sein Lied.

Euphorisch tanzend die Magie,
lustvoll schwingend mit dem Wind
gar wild und fröhlich wie ein Kind
entspringt ein Bild der Fantasie.

Farbenfroh die Kleckse locken,
jedes Blatt ein Unikat
der Herbst in seiner Schönheit bat
neu zu läuten seine Glocken.

Wenn der September leise zieht,
Melancholie den Atem spürt
Oktobermut die Stürme führt
am Horizont erklingt sein Lied.

Goldenes Treiben

Ich trage dein Gold in meinen Händen
ein jedes Blatt im Reigen sich wiegt
Wispernde Stimmen die Lüfte grüßen
es sitzt ein Flüstern auf meinen Füßen.

In deinem Zauber ich tief verweile
ein jedes Wort zum Schweigen gebracht
ergebe ich mich im Gesang der Winde
dein Gold streift still des Baumes Rinde.

Inmitten des Sturms eines Feuers gleich
bleibe ich stehen ganz regungslos
bemale mein Blatt euphorisch und wild
hab gefangen den Herbst auf meinem Bild.

Novemberweisheit

Bunte Blätter die Straßen zieren
die Sonne laut über den Nebel lacht
der Boden schon kühl, die Blätter frieren
die Bäume ihre Schönheit verlieren,
all das hat der November vollbracht.

Er ist ein Künstler auf eigene Weise
die Menschen ihn allzu gern ignorieren,
seinen Namen erwähnen sie nur ganz leise
der November lädt ein zur Seelenreise,
ein jeder Sommer muss einmal pausieren.

Bunte Farben sich der Ruhe besinnen
zartbitter ihr Welken die Herzen bewegt
ein Genuss, wenn Kerzendüfte erglimmen,
Nostalgie an Eleganz und Freude gewinnen
der Blues im Ambiente des Nebels sich regt.

In der Nacht

Ein leises Wispern in der Nacht
hat mich um meinen Schlaf gebracht.
Ich konnte es so gar nicht orten
geschweige folgen seinen Worten.

Es klang wie eine Melodie
harmonisch fein die Sinfonie.
Ich lauschte ihr sehr intensiv
als eine Stimme zärtlich rief.

Erschrocken was im Nu passiert
mein Herz so aufgeregt vibriert,
fing plötzlich heftig an zu schlagen
ein Klopfen voller Unbehagen.

Euphorisch lief ich an die Tür
als leis er sprach: Ich bin schon hier.
Komm her, betritt den hellen Raum
reich mir die Hand - ich bin dein Traum.

Draußen

Draußen vor der Tür
der Wind leise pfeift
rauschende Stimmen
mich irritieren.

Hinter der Tür
ein Vogelschlag
heitere Lieder
mich amüsieren.

Draußen am Tor
Kinder laut lachen
frohe Momente
mich inspirieren.

Draußen am Tor
ein Läuten erklingt
sanftes Erwachen
mein Herz leise klopft.

Hinter der Tür
ein Schatten erscheint
das Klicken im Schloss
dein Zauber so nah.

Die Zeit

Ich kann dich hören,
wenn du auch schweigst
Ich kann dich sehen,
selbst wenn du im Schatten
deiner Träume verweilst.

Dein Flüstern mich führt
in die Tiefe der Nacht
Dein Abendkleid
durch die Wälder streift,
tiefe Sehnsucht erwacht.

Ich kann dich spüren,
wenn du auch schläfst
Ich kann dir verzeihen,
selbst wenn du allein
auf große Reisen gehst.

In Sehnsucht

Folge mir auf grünen Wiesen
mein Herz lädt dich zum Träumen ein
ich mag den Regen still genießen
die Perle wäscht die Seele rein.

Ein süßer Tropfen auf dir ruht
ich küsse deine Lippen fein
das Feuer lodert in der Glut
Liebster, danke für dein Sein.

Frieden

Heute brech' ich mein Tabu
befreie mich aus stiller Ruh
zerschlage die Gebrechlichkeit,
die mich umgibt seit jener Zeit
als du dein Leid hast mir geklagt
all deine Sorgen offenbart,
bin nun bereit den Teil zu tragen
den du nicht wagst mir laut zu sagen.

Nur ein Wunsch

Was ich mir wünsche ist nicht viel
braucht weder Zauber noch Magie
mich reizt allein das schönste Ziel
den Wiesen Rosen ich verlieh.

Ich lad' die Welt zum Tanze ein
die Sonne strahlend Wärme schenkt
kein Mensch der traurig und allein
an den Verlust der Freude denkt.

Ein buntes Treiben Wellen schlägt
die Sprache keine Grenzen kennt
in Euphorie der Rhythmus prägt
im Klang der Liebe sich verrennt.

Was ich mir wünsche ist nicht viel
braucht weder Glanz noch Edelstein
mich reizt allein das schönste Ziel
auf dieser Welt soll Frieden sein.

Träume

Charlotte sitzt auf ihrer Lieblingsbank. Die
Sonnenstrahlen tanzen Tango über dem Meer.
Immer wieder schlagen die Wellen an die
rundgewaschenen Steine und Charlotte
versinkt in ihren Träumen. Das Plätschern
klingt sanft wie ein Lied. Ein Hauch von Gold
strahlt über das Wasser und all die Wärme
streichelt Charlotte zärtlich über ihren
Rücken. Sie fühlt sich so geborgen und frei
zugleich und bemerkt nicht einmal, dass sich
ein junger Mann zu ihr gesellt, der sie eine
Weile beobachtet. „Was machst du hier?", fragt
Tom leise.
„Ich träume von einer sauberen Welt, in der
die Menschen gemeinsam eine Friedenspfeife
rauchen", flüstert Charlotte.

Kapitel II

Die tanzende Venus

Ein Tanz der Stille
Schritte im Vierachtel Takt
Emotionen sind,

mein Herz das seine berührt
sinnlich der Tango uns führt.

Im Glanz der Freude

Bis hierher und ein Stück weiter
möcht ich bunt den Tag verzieren
wandern mit den Sonnenstrahlen
in der Hoffnung mich verlieren.

Bis hierher und noch viel weiter
Leichtigkeit ich in mir trage
zart die Wolken mich begleiten
bis zum Horizont mich wage.

Bis hierher und Meilen weiter
Blütenträume in den Händen
Glück und Freude mich verführen
Heute wird das Gestern wenden.

Bis hierher und ein Stück weiter
winzig klein all die Fragmente
lassen mich den Herbst genießen
stolz gesetzt die Farbakzente.

Bis hierher und fröhlich heiter
möchte ich im Wind mich wiegen
unbeschwert tanz ich den Reigen
und lass weiße Tauben fliegen.

So schön

Du sagst sie sei schön,
weil sie so ehrlich lacht
ein jedes Wort sie spricht
dir endlos Freude macht.

Du sagst sie sei schön,
weil sie so gern diskutiert
das Leben sie kostet
dich als Mensch respektiert.

Du sagst sie sei schön,
weil ohne Mantel sie geht
den sie hängt in den Wind
keine Lüge verweht.

Du sagst sie sei schön,
weil sie gönnerhaft groß
die Erde bereichert
Toleranz uns liebkost.

Geboren

Gestern geboren
in einer Welt still verloren
auf dem Wege zu mir
folgte ich ihr
der Hoffnung auf morgen
in Liebe geborgen
mein Traum im Visier
auf ein Leben im WIR!

Bewusst-Sein

Lass alle Riegel uns verbannen
die Türen öffnen weit
die Sonne empfangen
den Wind sanft streicheln
der Böe ein Lachen
schenken.

Lass uns den Worten folgen
die Stille umgehen
das Flüstern besiegen
ein Geheimnis lüften
dem Herzen die Wonne
entlocken.

Lass uns den Tag umarmen
seine Stunden zählen
den Blumen begegnen
die Tränen trocknen
im Bach all die Schmerzen
ertränken.

Lass uns das Meer erobern
auf Wellen treiben
unser Sein reflektieren
im Funkeln der Strahlen
die Spuren im Sand
verlieren.

Vorfreude

Wo ist der Tag der mich verführt
am Morgen schon die Rosen spürt
ihr Duft in meinen Haaren ruht
in lauen Räumen voller Glut
genieße ich den sanften Hauch
die Gänsehaut auf meinem Bauch
so sinnlich deine Hand mich ziert
das Blut in meinen Adern friert.

Mein liebster Freund so geh mit mir
den schönsten Reigen tanzen wir.

Revue der Jahreszeiten

Weißt du wie der Sommer schmeckt
Kirschen rot aus Nachbars Garten
freudvoll deine Zunge schleckt
Köstlichkeiten auf dich warten.

Weißt du wie der Frühling singt
traumhaft schön die Melodie
ich sehe deine Seele schwingt
dein Geist erhört die Symphonie.

Weißt du wie der Winter kühlt
Kristalle zart auf deinem Mund
ein Kribbeln rote Lippen fühlt
dein Lächeln tut die Freude kund.

Weißt du wie der Herbst erwacht
mit tausend Pinsel er jongliert
ein buntes Märchen er vollbracht
dein Wandel mich so fasziniert.

Sehnsucht

Und immer wieder
spiegelt sich ihr Körper
auf seiner Leinwand,
verführen ihre Gedanken
seine Seele.

Und immer wieder
berührt seine Fantasie
ihre Haut aus Samt,
rinnen seine Tränen
über ihre Lippen.

Und immer wieder
erleben seine Rosen
ihren Tanz der Liebe,
beginnt der Abschied
für ein Morgen.

Und immer wieder
sagen seine Bilder
so viel wie ihre Worte.

Zuversicht

Du wartest auf den Augenblick,
wenn du ganz zaghaft schaust zurück
was dir in diesem Jahr geschehen
und ob es gibt ein Wiedersehen.

Du magst die Träume nicht verlieren
inmitten dieser Welt erfrieren
dem Zauber beide Hände reichen
des Glückes Freude niemals weichen.

Du wartest auf den Glanz der Sterne
dem Leuchten aus des Waldes Ferne
vertraute Worte aus dem Herzen
begraben sind all deine Schmerzen.

Du darfst dich auf den Morgen freuen
den Augenblick niemals bereuen
den Glocken der Versöhnung lauschen
im Lied der Hoffnung dich berauschen.

Die Feder

Schwarz mein Federhalter schwingt
gar stolz und elegant daher
sein gülden Feder Worte bringt
versteckt in einem Blütenmeer
sie säuselnd meine Seele wecken
Silben voller Freud sich recken
nur allein um dir zu sagen
die Poesie wird niemals klagen.

Ein Wintermärchen

Verträumt ich durch den Wald spaziere
verliebt in jeden weißen Baum
die Schneekristalle leuchtend schön
ich schreite durch des Winters Traum.

Meine kühlen kleinen Hände
finden Schutz in deinem Reigen
schwere voll bestückte Äste
schneeumhüllt sich zu mir neigen.

Voller Anmut wie ein Märchen
des Winters Schönheit mich berührt
so stapfe ich auf weißen Pfaden
die Herrlichkeit mein Herz verführt.

Dunkelheit

Müde und erschöpft erreiche ich das Haus
das Haus deiner Empfehlung gefüllt mit Mystik
wirft es dunkle Schatten und seltsame
Gedanken
auf meinen Körper und meine Seele
die mich just beim Anblick erschaudern lassen.

Betritt das Haus und erfreue dich seiner
Dunkelheit
Dunkelheit die deine Augen öffnen
Fremdheit die dir Vertrauen schenkt
Ängste die dir Freiheit und Mut bescheren
die Gänsehaut dir wohlige Wärme spendet.

Dunkelheit über dem Dach geborgen in der
Nacht
die Nacht voller Frieden, Stille und Einsamkeit
streift sie mein Haar und ihr Schleier fällt
großzügig über mein Schicksal und alle Sorgen
fliegen in die Lüfte hinauf zum Tor der Nyx.

Furchtlos wage ich den Schritt über die
Schwelle
die Schwelle die mich befreit von jenen
Fesseln
geschlungen um die Knöchel voller Leben
begleitet von den Sternen, den Pferden
lauschend
erwache ich aus meinen Träumen voller Liebe.

Lebensfreude

Wohin die Lust mich führt
dein Herz wird mit mir sein
des Abenteuers Tanz beginnt
ahnungslos wie einst als Kind
folg ich den Klängen der Musik,
den lauten und den leisen.

Hoch im Wipfel starker Bäume
mag ich ein Haus mir bauen
ein Blick auf diese Erde rinnt
ahnungslos wie einst als Kind
erleb ich ihre Schönheit pur,
Menschen grüßen die Natur.

Deinen Worten lausche ich
den Geschichten sagenhaft
mutig fliegen wie der Wind
ahnungslos wie einst als Kind
darf ich diese Welt erleben
höher als die Wolken schweben.

Wohin die Lust mich führt
dein Herz wird mit mir sein
des Sommers Blüten treugesinnt
ahnungslos wie einst als Kind
ergebe mich der Fantasie,
der lauten und der leisen.

Die Tänzerin

Sie schwebt dahin wie eine Elfe
verloren im Traum ein jeder Schritt
betritt sie den Garten des ewigen Frühlings
das Rot der Blumen wiegt leise mit.

Prachtvoll strahlt die Zeit der Blüte
im Feuer ihre Sehnsucht wacht,
tanzt sie euphorisch ihren Reigen
ihr Schweben federleicht sie macht.

Geschmückt ihr Kleid in Eleganz
berührt ihr Fuß ganz sacht das Parkett,
als er die Rose verbeugend ihr reicht,
führt er sie aus zum Tanz im Duett.

Verliebt

Der Genuss sanfter Entführung
im Moment des Enthüllens
das Prickeln deiner zarten Haut
zu atmen ich mich kaum getraut.

Leise unsre Schleier fallen
Lichter senken ihre Lider
Küsse aufeinander prallen
Körper tanzen auf und nieder

Umhüllt in schönster Fantasie
erlebe ich mein Sein in dir
Glückseligkeit uns beide kürt
die Liebe jeden Tag verführt.

Magie

Voller Mystik und Wärme
tanzt diese Winternacht
im Glanze der Strahlen
der Schnee schmeichelnd
lacht.
Seine Flocken sich leise
danieder legen
im Antlitz des Mondes
die Kristalle verwegen
in Reflexion sich flüsternd
ergeben.

Sanft ich betrete diesen
Jungfernweg,
wiegend im Schein der
Endlosigkeit.
Kleine Schritte ich wage
hinaus auf den Steg,
Knirschen
unter den Sohlen
meine Sinne verführt
bedeckt ist der See
und ich bin verloren.

Irische Gefährten

Der Mutter Erde hautnah begegnet
den Lämmern über die Wolle gekrault
die Ginsterblüten mein Herz gesegnet
zartrosa Farben im Kreis aufgebaut.

Des Himmels Tränen mich sanft berühren
sie waschen meine Gedanken rein
umgeben von Klängen schönster Lieder
lass ich auf herrlich Gesänge mich ein.

Stolze Bauten das Land überragen
prächtige Steine die Burgen gefüllt
hör ich sie flüsternd Sagen erzählen
mächtige Kämpfe und Dramen enthüllt.

Fröhliche Menschen lachend verweilen
reichen vor Freude einander die Hand
tanzen im Rhythmus glücklich und heiter
hab so die Schönheit für mich neu erkannt.

Versunken

Lass mich wiegen
lass mich tanzen
einfach heut
der Zeit entfliehen,
jeden Raum
mag ich verlieren,
träumend in der
Sonne schmiegen.

Lass mich singen
lass mich gleiten
jede Note
ich verspür
fern der Welt
kreist meine Seele,
die Geigen
virtuos erklingen.

Lass mich fliegen
lass mich treiben
hoch hinaus
über das Meer
Wellen streifen
Klängen lauschen,
meiner Sehnsucht
still erliegen.

Tanzende Saiten

Und die Mädchen tanzen wieder
schwungvoll sich im Kreise drehen
Geigen meisterhaft erklingen,
vier Saiten sich famos verstehen.

Und die Burschen munter staunen,
ihre Schönheit sie betört
bunte Röcke prächtig schwingen
die süßen Klänge unerhört.

Ihre Augen fröhlich funkeln
jedes Lied neu inspiriert
beider Hände sich berühren,
die Geige lustvoll musiziert.

Und die Saiten zärtlich streichen
wie der Bursche sanft ihr Haar
vertraut sie sich im Winde wiegen
so schwebt dahin das Liebespaar.

Besinnung

Wenn du tanzen willst
beweg deine Füße.
Wenn du singen willst
erheb deine Stimme.

Wenn du malen willst
tauch ein in die Farben.
Wenn du helfen willst
so tritt vor die Tür.

Wenn du weinen willst
befrei dich der Tränen.
Wenn du schreiben willst
besinn' dich der Worte.

Wenn du schweigen willst
gönn dir die Ruhe.
Wenn du lieben willst
dann öffne dein Herz.

Am seidenen Faden

Eingestaubt hängt sie nun da
die Fäden dünn ganz ohne Schwung
die Marionette ausgelaugt
vorbei die Zeit als sie noch jung.

Heute denkt sie oft zurück
an jene Gaben voll Applaus
die Marionette fröhlich lacht
glücklich ging sie einst nach Haus.

Doch Glück ist nur ein Augenblick
der irgendwann von dannen zieht
Menschen dich alsbald vergessen
doch sie bewahrte sich ihr Lied.

Und wenn sie dann ganz leise singt,
reckt sich ihr Körper voller Stolz
Arm und Bein im Rhythmus tanzen
niemand ahnt, dass sie aus Holz.

Eingestaubt hängt sie nun da
doch gestorben ist sie nie
zufrieden ist wer stets genießt
auch außerhalb der Szenerie.

Willkommen und Abschied

An einem kühlen, sonnigen Märztag
begegneten sich zwei Geschöpfe, die nicht nur
unterschiedliche Wege gingen, sondern auch
in ihrem Äußeren ungewöhnlich ausschauten.
Eine Gestalt völlig in weiß gekleidet, trug eine
weite Hose und ein loses Gewand schmückten
ihn. Ein weißer Bart und langes weißes Haar
zierten sein Haupt. Die andere Figur,
engelsgleich, war in ein zart grünes Kleid
gehüllt, welches durch farbige herabhängende
Bänder eine warme Atmosphäre ausstrahlte.
Als sich beide Wesen an der Gabelung trafen,
lächelte der weiße Mann. „Sei willkommen,
lieber Frühling. Ich ziehe mich nun zurück.
Lass du inzwischen die Blumen erblühen bis
wir zwei uns wiedersehen."

Kapitel III

Die schweigende Venus

Im Wald verlaufen
spüre ich Trost der Bäume
in Faszination

ihrer Stärke und Güte
finde ich Geborgenheit.

.

Sag mir

wo deine Seele wohnt
sag mir
ob sich ein Sehnen lohnt
auf dich zu warten
Tag und Nacht
im Schweiß der Angst
ich sie verbracht
geglaubt
in Hoffnung
zu erwachen.

Sag mir
wo finde ich
dein Lachen?

Im Karussell

Nun sitz ich hier im Karussell
meine Welt dreht sich so schnell,
dass ich den Überblick verlier
es schwindet mir das Jetzt und Hier
wo ist die Schönheit der Natur
welche Stunde schlägt die Uhr?

Ich halte an das Karussell
verlasse still das Fahrgestell
um zu erfahren wo ich bin
begreife langsam den Gewinn
was diese Hast und Eile bringt
als eine Feder taumelnd schwingt.

In meiner Brust ein Stern erwacht
die Langsamkeit ihr Licht entfacht
ein leises Sehnen mich berührt
die Welt voll Blüten mich verführt
in Zartheit, Ruhe, Eleganz
genieße ich die Resonanz.

Regentropfen

Wisch den Regen nicht fort
aus deinen Augen
lass ihn tanzen, lass ihn fließen
schenk dem Regen dein Gehör
jeder noch so kleine Tropfen
spricht bedacht ganz leis zu dir.

Wisch den Regen nicht fort
von deinen Wangen
lass ihn laufen wohin er mag
schenk dem Regen bunte Träume,
zart plätschernd das Rinnsal
in pure Seide dich hüllt.

Wisch den Regen nicht fort
von deinen Lippen
lass ihn berühren deinen Mund
schenk dem Regen viele Küsse,
ein Gestern den Morgen begrüßt
stille Tränen in Freude erwachen.

Tag und Nacht

Ich liege oft wach inmitten der Nacht
frage mich, was der Tag hat gebracht
und was ist der Grund all der Gedanken
ist es die Hoffnung oder mein Schwanken?

Ist es die Arbeit, die liegen geblieben
sind es die Worte, die ich dir geschrieben
und deren Antwort ich noch nicht erhielt
ist es die Angst, die Ruhe mir stiehlt?

Ist es mein Bangen vor einem Morgen
all das Grübeln um zu viele Sorgen
und keine Chance sich zu befreien
sie zu entsorgen, die Quälereien?

Ist es mein Leben, das wachsam mich hält
all diese Prüfungen, die es mir stellt
und deren Lösung ich heut noch nicht weiß
oder dreh ich mich selbst, mitten im Kreis?

Stunden danach, Nächte vergangen
die Uhr weiter tickt sowie mein Verlangen
jeden Tag mit Hoffnung zu zieren
in Glück und Freude mich zu verlieren.

Verschleiert

All meine Tränen
im Winde verwehen
gleiten durch die Lüfte
entrinnen meiner Seele.

All meine Tränen
im Bächlein ertrinken
wandern mit dem Strom
fern ahnungsloser Träume.

All meine Tränen
in der Sonne verblassen
getrocknet im Freudenfeuer
tanzen im Wandel der Natur.

Der Mai

Und wenn im Mai der November einzieht,
dunkle Wolken die Erde berühren,
grollend Gewitter den Himmel erhellt,
dann schließe ich leise die Tür.

Und wenn im Mai die Vögel verstummen,
ihr Zwitschern den frohen Klang verlieren,
der Flügelschlag seine Balance nicht hält,
dann sing ich ganz leise ein Lied.

Und wenn im Mai die Blüten laut weinen,
ihre Köpfchen keine Kraft mehr spüren,
traurig die Knospen am Boden liegen,
dann öffne ich leise mein Herz

Du

fragst dich nach dem Sinn des Lebens
doch deine Suche bleibt vergebens,
wenn du allein nur darauf schaust
ob du es schaffst, ob du dich traust,
deinen Schatten anzuschauen
statt wirklich Brücken aufzubauen
ganz gleich, ob sie stabil dich tragen,
beginn noch heute dich zu wagen
selbst wenn du stolperst oder fällst,
Du selbst dich auf die Probe stellst.

Ein Muttertag

Was ich dir sagen möchte ist,
viel mehr als nur ein Dankeschön
mein Leben hast du mir geschenkt
hast mich in Bahnen stets gelenkt,
die ich allein erkunden muss
sei es ein Meer, ein Bach, ein Fluss
sie zu durchdringen war nicht leicht
doch meine Neugier hat gereicht
auch hohe Berge zu besteigen
Hoffnung macht ich mir zu eigen
selbst zu wählen was ich mag
trotz deiner Furcht, dass falsch ich lag
ging ich immer meinen Weg
hab mich getraut bis an den Steg
all jene Zweifel diskutiert,
wie oft war ich doch irritiert
bevor das Boot ich hab bestiegen
stets gehofft, mein Herz wird siegen

wissend du wirst auch verstehen
ich muss neue Pfade gehen
weil ich nun erwachsen bin
zieht es mich zu Menschen hin
außerhalb der Kindertage
war ich selbst nun in der Lage
meinen Alltag zu erleben
Kindern eine Chance zu geben
und zu spüren wie es ist
wenn ein Mutterherz vergisst,
dass wir nicht ihr eigen sind
älter werden ganz geschwind
Jungen ihre Chance zu geben
über wilden Feldern schweben
Abenteuer zu genießen
nachts verweilen auf den Wiesen
sich auf Fehler einzulassen
Kinder dafür nicht zu hassen
stets zu reichen eine Hand
glauben an das Morgenland

möchte ich niemals vergessen
dir zu danken angemessen
dennoch meine Tränen fließen
weil wir hörten auf zu gießen
unser zart geknüpftes Band,
Spuren suchen sich im Sand.

Die letzte Rose

Du musst nicht traurig sein
sie leise spricht,
wenn ich nun geh
vergiss mich nicht
alsbald ich kehre wieder ein.

Bewahre mir den süßen Duft
die Zartheit pur
der Güte stolz
die Anmut rein
ich atme erste Winterluft.

Du musst nicht traurig sein
sie leise singt
die Blüte stark
voll Hoffnung schwingt
die Rose rot schläft leise ein.

Gewichtete Worte

Worte wiegen so schwer
auf unserer Seele
brechen unsere Herzen
schüren unsere Tränen.

Worte wiegen so schwer
auf unseren Schultern
lehren uns Diskretion
rauben uns die Hoffnung.

Worte wiegen so schwer
auf unseren Lippen
Schreie langsam verblassen
Narben dennoch bleiben.

Still sind die Worte
die wir gern hören
und dennoch schweigen.

Großstadtgeflüster

Hörst du das Weinen in der Nacht
dumpfe Schläge auf den Straßen
am Gartentor ein Hund erwacht
Donner laut am Himmel kracht
Sirenen furchterregend rasen!

Hörst du das Singen in der Nacht
Menschen tanzen auf den Straßen
fröhlich sie im Kreis sich drehen
bunte Kleider prächtig wehen
Treiben süßer Seifenblasen!

Hörst du das Lachen in der Nacht
frohe Rendezvous auf Straßen
singend auf dem Regenbogen
Einsamkeit im Nu verflogen
Ängste ihren Sinn vergaßen!

Hörst du die Stille in der Nacht
weiße Lichter auf den Straßen
im Mondschein Frieden aufersteht
die Welt allmählich schlafen geht
Elfen schönste Mythen lasen.

Polemik

Die Lüge schreit, lass mich in Ruh
ich kann dich nicht verstehen
die Wahrheit sagt, das glaub ich dir
du müsstest vis-à-vis mich sehen.

Doch warum ignorierst du mich
warum läufst du vor mir davon,
hat meine Wahrheit dich erschreckt
sind deine Worte Illusion?

Setz dich hernieder und erklär
mir dein Begehr der Lügerei,
sag welche Quelle nähret dich
wieso bin ich dir einerlei?

Warum stellst du solche Fragen
du weißt doch um der Menschen Sinn
sie wollen lieber Lügen hören
es wiegt sich doch so schön darin.

Wie kannst du dich in Freude wiegen,
wenn Menschen dir Vertrauen schenken?

Oh nein, es ist nicht mein Vergehen,
wenn der Mensch verlernt zu denken.

Verborgen

Hinter der Fassade
blüht ein tränendes Herz
Tropfen leise fallen
in den Bach sie fließen
stilles Wimmern
allmählich verstummt.

Ein warmer Regen rinnt
das Herz pulsiert
ein Lächeln beginnt
sich im Wind zu wiegen
Farbe an Stärke gewinnt
zerbröckelt die Fassade.

Sonnenlicht trotz Schatten
dunkle Wolken ziehen
himmelblau die Seele
über die Hürden springt
leuchten kleine Flammen
Tränen still verborgen.

Verlorene Blicke

In Träumen zu schwelgen
die letzten Rosen welken
versunken in der Illusion
verlier ich jede Dimension -
oben auf dem Berg ich stehe
niemand ahnt worauf ich sehe.

Trübe Blicke all der Leute
keine Spuren ihrer Freude
verloren in der Einsamkeit
verharren sie in ihrem Streit
bis sie den Berg hinunter gehen
dem Grabe gegenüberstehen.

So mag verweilen ich am Ort
der Schönheit Klänge im Akkord
den Tango der Natur genießen
am Wegesrand die Farne sprießen
ein letztes Mal die Rose lacht
sie hat ihr Tageswerk vollbracht.

Erschütterungen

Ich lege eine Rose nieder
auf den bebenden und traurigen Boden
bedeckt von endlosen Tränen
höre ich all das Geflüster
voller Angst und Zorn.
Ich verweile in stiller Ohnmacht
besinne mich meiner Sehnsucht
nach Liebe und Geborgenheit.

Die Frage nach dem Warum
bleibt endlos und versunken
inmitten der weinenden Menschen
so ahnungslos und voller Zweifel
flackert ein Licht in der Dunkelheit.
Ein Meer voller Kerzen erhellt
all den Schmerz der Erschütterungen
und meine Seele im Antlitz der Rose.

Faszination

Kennst du diesen Augenblick
wenn alles um sich dreht im Schein
Lichter funkeln, Menschen lachen
nur du, du fühlst dich ganz allein.

Still du deine Wege schreitest
fern der Sterne hellem Schein
wissend um die bunten Masken
magst du so gern authentisch sein.

Inspiriert der weißen Blüten
folgst du des Winters leuchtend Schein
streichelst sanft die letzten Rosen
bist du spürst ein Tränelein.

Fasziniert der Schönheit pur
besinnst du dich im Abendschein
wenn der Mond am Himmel wacht
sind Herz und Seele wieder rein.

Zeitlos

Zeit fragt nicht wie spät es ist
sie lebt den Augenblick,
Zeit klagt nicht früh am Morgen
sie wandert mutig weiter.

Zeit kennt keine Zweifel
sie schreitet stets voran,
Zeit beweint keine Sorgen
sie tickt still und kühn.

Zeit fließt nicht durch die Finger
sie weiß um ihren Rhythmus,
Zeit rennt nicht durch die Vita
sie lebt den Augenblick.

Zeit benötigt kein Management
sie ist immer und überall.

Getuschel

Ich hör die Bäume leise tuscheln
und frag mich was ist ihr Begehr.

Sind es die warmen Sonnenstrahlen
die noch mild im Herbst verwöhnen
oder all die braunen Blätter
die vor Trockenheit laut stöhnen?

Besteht die Angst vor einem Morgen,
der voller Kraft und Sturm sie bricht
oder sind sie großer Sorge,
dass langsam stirbt ihr Gleichgewicht?

Ich hör die Bäume leise tuscheln
und frage mich was sie vermissen.

Ist es die Neugier jener Kinder
die den Wald so gern entdecken
oder suchen sie die Tiere
die sich viel zu oft verstecken?

Trauern sie um ihre Freunde,
die den Kampf verloren haben
oder sind sie einfach wütend
auf die Käfer, die sich laben?

Ich hör die Bäume leise weinen
und möchte ihre Tränen trocknen.

Trost

Wenn ich wanke heut
weine ich nicht laut
ich zieh mich zurück
ganz still und vertraut
bau auf meine Seele
bewahr mir das Glück
spür die Enge der Kehle
und deine Nähe ein Stück.

Ekstase

Anna erwachte völlig schweißgebadet aus ihrem Traum. Sie versuchte sich zu beruhigen, um jedes Detail zu rekapitulieren.

Dann sah sie ihn, den Vergnügungspark inklusive der riesigen Achterbahn. Schon immer wollte sie einmal in solch einer Gondel sitzen und diesen faszinierenden Rausch erleben.

Die Menschen steigen voller Freude hinein und kurze Zeit späte beginnen sie laut zu schreien. Sie suchen das Wagnis, diesen besonderen Kick und genießen dieses Auf und Ab durch die Lüfte.

Sieht so das Leben aus? Ist das auch Schicksal so berauschend wie jener Moment in der Achterbahn? Brauchen wir wirklich das Abenteuer, um das Glück zu spüren?

Kapitel IV

Die blühende Venus

Wolken verflogen
freudestrahlend die Sonne
sich im Winde wiegt

im Angesicht der Flora
zur Sommersonnenwende.

Im TauMond

Der Februar
mein Gesicht verziert
im kühlen Meer
das Eis mich so friert
frohlockend die Sonne
mich streichelnd berührt
dein Lächeln meine Seele
ganz heimlich verführt.

Früh am Morgen

Um 8 das Gänseblümchen schläft
der Mohn indessen schon erwacht
das Buschwindröschen blinzelt noch,
die Sonne schaukelt ganz bedacht
durch wilde Felder, hohe Eichen,
Lerchen über Wiesen schleichen.

Fröhlichkeit

Wie liebe ich die bunten Felder
rot der Mohn und blau das Korn
gelber Raps und grüner Klee
Enten schnattern auf dem See
gründeln emsig tief hinunter
ihre Küken sind ganz munter
freuen sich aufs Abendbrot
träumend ich in meinem Boot
lausche fern dem Vogelsang
und dem Sonnenuntergang.

Spuren

Deine Blüten mich verführen
bunte Farben mich berühren

einzigartig dieser Duft
aphrodisierend süß die Luft

Hyazinthen und Narzissen
mich aus meinem Wirrwarr rissen

Heute darfst du mich betören
all dein Zwitschern kann ich hören

Amseln, Dohlen und die Finken
glücklich mit den Flügeln winken

säuselnd leis der Wind sich dreht,
der Frühling nun auf Reisen geht.

Sommerblüher

Hell ist dein Licht
deine bunten Farben
mich faszinieren
so weiß und rein
deine fünfzähligen Blüten
glockenförmig verwachsen.

Hell ist dein Licht
strahlend dein Image
du zarte Malve
mich begeisterst
deine edel weißen Blüten
mir die Liebsten sind.

Strahlend gelb

Du mein Ginster schönster Blüte
früh am Morgen still erwacht
lädst mich ein mit dir zu träumen
der Himmel blau, die Sonne lacht.

Saftig grün sind deine Wiesen
lustvoll tanzt du leicht im Wind
stolz sich deine Blätter wiegen,
leg mich hernieder wie ein Kind.

Du mein Ginster schönster Blüte
dein Gelb die grünen Büsche ziert
wilde Düfte mich betören
der Seele Schönheit sich verliert.

Der Honigmonat

Der Juli mir lacht,
wenn der Morgen erwacht
grüßt die Sonne mich sacht,
in mir ein Feuer entfacht.

Der Juli beginnt,
wenn die Sonne geschwind
dem Heu wohl gesinnt
süße Früchte gewinnt.

Der Juli genießt,
wenn die Fülle nun sprießt
die Flora du gießt
dich der Stille entziehst.

Der Juli mir schmeckt,
wenn der Tisch reich gedeckt
deine Wärme mich neckt
Euphorie in mir steckt.

Feuertanz

Feuerrot erstrahlt dein Lachen
lustvoll tanzt dein Kelch im Wind
sanft sich deine Blätter wiegen
in Samt gehüllt die Blüten sind.

Feuerrot sind deine Lippen
wunderschön in Grün dein Kleid
Sonnenstrahlen dich verwöhnen
deine Schönheit mich befreit.

Feuerrot die Felder blühen
stolze Tupfer herrlich blau
Mohn und Korn sich duellieren
so stellt der Juni sich zur Schau!

Rot der Mohn

Der Klatschmohn
klatscht nicht in die Hände
jedoch verzückt er manche Wände
mit seinen Blüten purpurrot,
dem Künstler
eine Ohnmacht droht,
weil ihn der Mohn so sehr betört
im Rausche ihn nun nichts mehr stört
lässt er den Pinsel kraftvoll schwingen
nichts und niemand muss ihn zwingen,
sich der Schönheit hinzugeben
um ein neues Bild zu weben.

Auf dem Weg

Ich möchte versinken
in deinen Armen
ich möchte gern trinken
aus deinem Fluss
süße Düfte inhalieren
mir bewahren deinen Kuss.

Röslein

Mein Röslein rot
mein Röslein zart
ich mag dich gern begrüßen
ein neuer Tag
ein schöner Tag
liegt heute uns zu Füßen.

Mein Röslein Rot
mein Röslein schön
ich mag ein Lied dir singen
ein leichter Wind
ein sanfter Wind
lässt deine Blüten klingen.

Mein Röslein Du
mein Rosenrot
ich mag dich still berühren
mein Herz frohlockt
mein Herz pulsiert
ich kann dein Lächeln spüren.

Im Garten Eden

Ein Gedicht mag ich dir schreiben
einzig nur allein für dich
dunkle Wolken kühn vertreiben
meine Träume sehnen sich.
Mit dir über Meere schreiten
Purzelbäume mit dir schlagen
tausend Regentropfen fangen
nie mehr um ein Morgen bangen.

Liebeslieder mag ich singen
einzig nur allein für dich
über Klippen mit dir springen
meine Träume sehnen sich.
Herzhaft mag ich mit dir lachen
in Gedanken mich verlieren
deine Sinne tief berühren
die Romantik für uns küren.

Bilder mag ich für dich malen
einzig nur allein für dich
bunte Farben froh erstrahlen
meine Träume sehnen sich.
Einfach nach den Sternen greifen
dich in meinem Herzen tragen
Glück und Sonne uns begleiten
lustvoll mit den Wellen reiten.

Wegweiser

Du sagst, alles wird gut
du musst es nur wollen
trenn dich vom alten Hut
schöpf stets aus dem Vollen,
das Gestern lass ziehen
genieße den Morgen
du darfst heute fliehen
verzeih alten Sorgen!

Du sagst, alles ist gut
die Sonne wird scheinen
entführ deinen Mut
auf stolpernden Steinen
bewahre dein Lachen
dein Herz wird gewinnen
du musst nur erwachen
dich der Liebe besinnen

Erleuchtung

Kennst du diesen Augenblick
wenn alles tanzt im Lichterschein
Sterne funkeln, Menschen strahlen
nur du, du fühlst dich ganz allein?

Still du deiner Wege gehst
fern dem Glanz am Firmament
all der Trubel und die Freude
sind für dich nicht existent.

Traurig wie die weißen Blüten
folgst du des Winters rauer Nacht
streichelst sanft die letzten Rosen
genießt die Schönheit mit Bedacht.

Ihr Antlitz hat dich fasziniert
benommen einer Venus gleich
schenkst du der Rose einen Kuss
eh du verlässt das Himmelreich.

Das Mauerblümchen

Das Mauerblümchen leise spricht
warum sieht mich die Rose nicht?
Selbst wenn ich mich zu ihr geselle,
zieht sie von dannen auf der Stelle.

Erkennt sie meine Schönheit nicht
wird sie geblendet durch das Licht?
Wie gerne hielt ich ihre Hand
und führte sie durchs Märchenland.

Sobald das Mauerblümchen dann
beginnt zu schmieden einen Plan.
Es wartet auf des Winters Zeit
bis auch die Rose eingeschneit.

Das Mauerblümchen ganz gefasst,
sieht wie der Rose Kleid erblasst.
Die Göttin staunend sich verneigt
dem Mauerblümchen Achtung zeigt.

Darauf das Blümchen fröhlich lacht,
was hat der Schnee mit ihr gemacht?
Er hat der Rose Reiz bedeckt
und ihre Sehnsucht neu geweckt.

Des Blümchens Augen voller Glanz
verbeugt die Rose sich zum Tanz.
Sie schweben durch die Winternacht
zwei weiße Blüten sind erwacht.

Nur ein Schimmer

Braun ist sie
und schwarz ihr Haar
rot ihre Lippen
ein Lachen voller Farben.

Strahlende Augen
erzählen Geschichten
über ein Land
welches Tränen weint.

All die Blüten
die ihre Gärten schmücken
ihre Knospen geöffnet
um die Welt zu bitten,

die Schönheit
ihrer Seele zu erleben,
anstatt sich an der Farbe
einer Haut zu stören.

Herbstklopfen

Der Herbst klopft an die Gartenpforte
gebeugt sein Rücken von der Last
schwer die Pinsel samt der Farben
mag er verweilen hier zu Gast.

In der Dämmerung am Morgen
schleicht er leise aus dem Haus
schwingt sich auf die hohen Äste
malt sich die schönsten Bilder aus.

In wilden Tänzen größter Freude
tobt er lustvoll mit dem Wind
kreativ und inspirierend
des Herbstes Schöpfung neu beginnt.

Ausblick

Es ist zu laut
hast du geflüstert
es ist zu hell
inmitten der Nacht
all diese Enge
trotz großer Straßen
entführt mein Sein
hinaus zu dir.

Es ist zu kalt
in dieser Wärme
es ist zu still
in all dem Jubel
bin ich verloren
trotz vieler Wege
spür ich ein Sehnen
hinaus zu dir.

Es ist so einsam
in dieser Stadt
es ist so grau
trotz bunter Kleider
verirrt der Mensch
sich in der Eile
lädt ein die Seele
hinaus ins Land.

Das Regenmädchen

Ein Mädchen durch den Regen lief
verloren, ohne jedes Ziel
ein jeder pure Tropfen schien
ihr wie ein kleines Stückchen Glück.

Das leichte Prasseln sie entzückt
geborgen in Gelassenheit
ein jeder pure Tropfen schien
ihr wie ein blaues Zaubermeer.

Sie spürte diesen frischen Duft
verloren, fern der Dunkelheit
ein jeder pure Tropfen schien
ihr wie ein Segen tiefer Kraft.

Das Regenmädchen weiterlief
voll Fröhlichkeit gewiss dem Ziel
sie sah den Regenbogen blühen
und viele Tropfen sanft verglühen.

Nacht-Gedanken

Soll ich bleiben oder gehen
mich dem Morgen anvertrauen
mich im Hamsterrade drehen
mich befreien aus den Klauen?

Wurde ich allein geboren
um zu folgen fremden Spuren
wurde ich nur auserkoren
um zu dienen den Strukturen?

Soll ich bleiben oder gehen
mich dem Morgen widersetzen
meiner Ziele mich besinnen
meine Seele neu vernetzen?

Nachtgedanken mich betrüben
Zweifel meinen Schlaf mir rauben
sollt ich mich im Träumen üben
tief an meine Sehnsucht glauben?

Soll ich bleiben oder gehen
in den Morgen mich verlieben
Samen in die Erde säen
mich erfreuen an den Trieben?

Mutter Erde

Glücklich wird die Erde sein,
wenn sich Wurzeln heftig regen
Keimlinge die Schicht durchbohren
grüne Pflänzchen sich bewegen.

Frieden sich hernieder hockt,
um den Blumenstock zu hüten
kehren wilde Stürme heim
stärkt die Erde seine Blüten.

Fröhlich wird die Erde sein,
wenn ihr schönstes Kleid sie trägt
Felder voller junger Früchte
Korn und Ähren sie nun prägt.

Hoffnung uns die Erde schenkt
ihre Seele Kraft uns lehrt
nur die Schöpfung wirklich weiß,
was die Göttin uns beschert.

Ein Sommermorgen

Saftig grüne Wiesen liegen vor ihr. Paula kann
sich nicht satt genug sehen.
Die Blumen so farbenfroh und all die
Schäfchen auf dem grünen Rasen schenken ihr
einen Moment voller Glück. Plötzlich entdeckt
sie ein kleines Haus mit roten Fensterläden
über einer schwarzen Tür, verziert von einer
goldenen Klinke. Neugierig nähert sie sich dem
Schmuckstück. Ein leichtes Herzklopfen bringt
Paula zum Lächeln. Was mag sich hinter dieser
Tür verbergen? Ist dieses Haus noch voller
Leben?
Aufgeregt berührt ihre Hand die Klinke als
eine Stimme ertönt.
Erschrocken dreht sich Paula um.
Ein Strahlen ihrer Mutter: „Wach auf, die
Sonne erwartet dich."

Kapitel V

Die lächelnde Venus

Sie hat gut lachen
die rosarote Blüte
Liebe sie verschenkt

ihr Antlitz sentimental
die Rose der Gegenwart.

Lebenslust

Die Nacht ist vergangen
ein neuer beginnt
die Sonne erwacht
das Bächlein still rinnt.

Ich gehe hinaus,
um ihn zu begrüßen
von fern mir schon winken
die leuchtenden Wiesen.

Die Pracht ihrer Farben,
mein Herz mir betören
des Bächleins Rauschen
nicht zu überhören.

Ein plötzliches Singen
hinter den Zweigen
zwei reizende Stimmen
begleitet von Geigen.

Ein Liebespärchen
gar fröhlich flaniert
singend sie spielen
ein Zauber sie ziert.

Ich folge den Klängen
zieh leis mich zurück
die Sinne erheitert,
genieß ich mein Glück.

Sommerträume

Schwing den Hut
und lass uns fliehen
in den Sommer
auf das Feld
steck die Blüte
in dein Knopfloch,
flink hinaus
nichts was mich hält.

Draußen mag ich
heut verweilen
zwischen Blüten
gelb und rot
trag für dich
mein schönstes Kleid,
dieser Tag
kennt keine Not.

All die Kinder
hör ich jubeln
fröhlich bellt des
Nachbars Hund
blau der Himmel
hell die Sonne,
gut gelaunt
geküsst mein Mund.

Frohes Lachen
Liebespaare
laue Nächte
sternenklar
süße Düfte
uns umgarnen,
der Zenit weiß
was geschah.

Und am See
Gitarren klingen
lächelnd reichst
du mir die Hand
stundenlang
wir beide tanzen,
dieser Weg uns
zwei verband.

Gänseblümchen

Gar zauberhaft ihr Blütenkleid
das Blütenkörbchen schon bereit
die Wiesen lieblich zu bedecken,
die Verliebten forsch zu necken.

Gelb der Juwel anmutig lacht
das stille Zupfen unbedacht,
ob er sie liebt oder auch nicht
ob er wohl das Herz ihr bricht?

Gar hocherfreut die Liebste singt
ihr Herz wild auf und nieder springt
er liebt sie sehr, so spricht das Blatt
das Tausendschön gewonnen hat.

Liebelei

Da steht er stolz und sehr galant
gelehnt an einer Mauerwand
bedacht der Dinge ungeniert
als sie im Garten ihn verführt
mit diesem Apfel purpurrot
gar ahnungslos der wahren Not
ließ er sich auf die Schöne ein
genoss dies große Stelldichein
in Freude ihre Lust zu leben
ER überlebte dieses Beben.

Geliebter Morgen

Der Fred ein sportlich cooler Typ
hat seine Eva endlos lieb
und daher scheut er keine Müh
verwöhnt sie gern schon in der Früh.

Fred weiß um Evas Leidenschaft
und so verführt mit aller Kraft
er Eva in sein Paradies
wo er mit ihr sich niederließ.

Er reicht vergnügt ihr seine Hand
so knüpfen sie das Liebesband,
es prickelt wild auf Evas Haut
sie köstlich lacht, was er sich traut.

Magisch wie ein Regenbogen
schweben beide auf den Wogen
Wellen auf und nieder gleiten
klangvoll wie der Geigen Saiten.

Das Schneiderlein

Es war einmal ein Schneiderlein
auf seinem Wege in die Stadt,
der Ausschau hielt nach Stoffen fein
und guten Zwirnen obendrein.

Aus der Fülle bester Stoffe
wählte er den schönsten aus,
wissend was er daraus schneidert,
zog er frohgemut nach Haus.

Ein nobler Anzug sollt' es werden
für einen Gentleman nach Maß
so macht er sich sofort ans Werk
bedacht, dass er auch nichts vergaß.

Sein Handwerk eine Seltenheit
genießt sehr wohl Bewunderung
nicht nur bei dem betuchten Mann
auch bei den Herren, die noch jung.

Der Schneider keine Mühe scheut
zu nähen tief bis in die Nacht
sein Kunde bald zur Hochzeit geht,
und dessen Braut den Plan erdacht.

Am Morgen dann der Bräutigam
staunend sieht das Meisterstück
was der Schneider hat getan,
als plötzlich wird getrübt sein Glück.

Oh Gott, herrjeh was für ein Preis
wie soll ich den bezahlen?
Der Schneider doch die Antwort weiß
„Die Braut belohnte meinen Fleiß."

Schicksal

Im Apfel sitzt vergnügt die Made
und trinkt genüsslich dessen Saft
gestreckt athletisch ihre Glieder
getankt den Körper voller Kraft.

So steht sie auf in starker Pose
euphorisch sie gestärkt voll Mut
heut könnte sie die Welt umarmen
als plötzlich sie ergreift die Wut.

Ein kleiner Knirps vielleicht 5 Jahr
reißt sich den Apfel aus dem Baum
schaut ihn an und beißt hinein
aus und vorbei ist nun der Traum.

Die Made auf dem Zweig still hockt
dem Schauspiel ihre Blicke schenkt
der Knabe nach dem Apfel giert
als sie ihr Köpfchen kräftig senkt.

Sie fiel herab von ihrem Zweig
dem Knaben plötzlich vis-à-vis
mit Freude auf den nächsten Biss
die Made voller Furcht laut schrie.

Doch leider war es jetzt zu spät
vom Apfel nur ein kleiner Rest
der Junge sich die Lippen leckt
in Freude er den Baum verlässt.

Zwischenräume

Zwischen Gestern und Morgen
bewahre ich mir das Heute
befreie mich von alten Sorgen
hab gewagt mir Glück zu borgen
erlebe nun die reiche Beute.

Sie knistert und lächelt verzückt
die anmutig helle Freude
sie ist mit Rosen bunt geschmückt
mir fröhlich an die Seite rückt
als kleinen Flirt ich dieses deute.

All die kleinen Zwischenräume
schlängeln quer sich durch die Wiesen
in den Zweigen hoher Bäume
verborgen meine schönsten Träume
werde ich ab heut genießen.

Geweint

Eine Träne sanft zu Boden fällt
beraubt ihrer Freude
traurig sie sich niederlegt
als schon die zweite auf sie trifft
eine dritte die erste
rührend umarmt und streift,
es scheint keine Ende in Sicht.

Ein kleines Bächlein sich füllt,
die Sonne sich wärmend beugt
als neue Tränen auf Reisen gehen
sie springen in den kleinen Fluss
tragen sich liebevoll auf Händen
in sehnsuchtsvoller Hoffnung
am Morgen das Tal zu verlassen.

Glück im Sein

Ab heut gehör ich mir allein
ich denke nun bewusst an mich.
Ich reflektiere Schein und Sein
das Leben viel zu schnell verstrich.

Den Morgen ich mit Freude grüße
auch wenn der Nebel mich umgibt
der Tau mit seinen Wassertröpfchen
die Dämmerung den Aufbruch liebt.

Ab heut hör ich die Zwischentöne
folg den Klängen bunter Geigen
lass verzaubern mich von Liedern
erleb die Kunst im frohen Reigen.

Und wenn am Tag der Regen lacht
der Wind durch die Gedanken fegt.
so fröne ich dem Regenbogen
die Sonne auf mein Haupt sich legt.

Wann und Wo

Das Wann und das Wo
nur zwei kleine Fragen
doch ihre Antwort
gar sehr relevant.

Wann werde ich
dem Glück neu begegnen
und wo nimmt es mich
vertraut an die Hand?

Wann kommt der Tag
den ich so ersehne
wo keine Grenze
im Wege mir steht?

Wann klopft es an
das Wunder des Lebens
wo ruht die Erde
die Freude mir sät?

Das Wann und das Wo
ganz leise verstummen
sie deuten mir schlicht
die Abzweigung an.

Am Meer

Ich bin gelaufen
ich bin gegangen
am Meer entlang
für mich allein.

Und über mir
die Möwen kreisen
begleiten mich
am Meer entlang.

Die Lieder rauschen
im Sturm der Wellen
sie liebevoll
begleiten mich.

Der Prüfling

Ein lautes Klopfen an der Tür,
der Schuldirektor tritt herein
als mein Herz beginnt zu rasen
welches Thema wird es sein?

Werde ich den Text verstehen
komm ich mit der Zeit zurecht,
da erklingt ein „Guten Morgen",
Oh my Goodness, mir wird schlecht.

Und schon liegen vor mir Seiten
Englisch original beschrieben,
zögernd blättere ich um,
meine Glückszahl Nummer 7.

Umwelt heißt das Prüfungsthema,
Mensch, wie oft hab ich gedacht:
Bereit dich vor auf eine Rede
und sieh da, mein Herz laut lacht.

Gedanklich stehe ich am Pult,
um zu preisen die Natur
lade ein mir still zu folgen,
so beginnt mein Abitur.

Die Struktur hab' ich im Kopf
lasse auch Experten sprechen
überzeuge nur mit Fakten
und benenne das Verbrechen.

Meine Worte eifrig fließen
gut verfasst auf das Papier
Vorurteile und Bedenken,
schildere die Kraft im WIR.

Ganz am Ende meiner Rede
werde ich emotional,
stell den Leser vor die Frage:
Ist das Thema zu banal?

Nach geschlagen einer Stunde
lehn ich mich entspannt zurück,
lass erneut Revue passieren:
Freitagsdemos – welch ein Glück.

Der Wettermann

Ich sah heut früh den Wettermann
er hatte bunte Socken an
dazu trug er 'nen Sonnenhut
sein frohes Lächeln tat mir gut.

Ich schlüpfte in mein buntes Kleid
und war für den Moment bereit,
dem wahren Schöpfer zu begegnen
zu fragen, wann es wird wohl regnen.

Doch als ich vor dem Manne stand
nahm er mit Freude meine Hand
und lud mich ein auf einen Tanz
die Sonne schien in hellem Glanz.

Kein trübes Wölkchen war zu sehen
der Wettermann schien zu verstehen,
warum ich mich nach Regen sehne
in seinen Augen trotzt die Träne.

Hab nur Geduld mein schönes Kind
ich spüre schon den kühlen Wind,
der morgen um die Häuser zieht
die Sonne dann dem Regen flieht.

Zuversicht

Ich könnte
würde
sollte
wünschte mir den Mut
und die Aufrichtigkeit
der Welt zu entfliehen.

Ich könnte
würde
sollte
wünsche mir die Kraft
und die Ehrlichkeit
Menschen zu vereinen.

Ich könnte
sollte
werde
meine Träume nicht eliminieren,
nicht einen aus den Augen verlieren,
aber kämpfen sie zu leben.

Ich werde tanzen,
singen, glücklich auferstehen,
wissend um ein Morgen,
voller Zuversicht und Erfüllung
an die Liebe glauben!

Ein Stück Orange

Orangen
verzieren mein Kissen
geöffnet so liebevoll
liegen die süßen Hälften
gebettet auf feinen Samt.

Ihr Duft
mich endlos betöret
wohlwollend ihre Farbe lacht
im Triumph auf den Genuss
meine Zunge lustvoll tanzt.

Jedes Segment
meine Lippen verführt
meine Sinne erregt
ein Blick in deine Augen
das Geheimnis verrät.

Deine Küsse
mich erobern
bittersüß die Frucht mich lockt
doch ich gern sie mit dir teile
verführend, Stück für Stück.

Ein stachliges Geschenk

Sorry Liebster, ich muss lachen
was für abgedrehte Sachen
fallen dir doch immer ein,
du bringst mir einen Kaktus heim?

Weißt du denn nicht wie der sticht?
Nenn mir bitte die Geschicht',
die dich hat dazu bewogen,
nimmst du etwa heimlich Drogen?

Gab es keine Rosen mehr
war der Blumenladen leer
sag, was ist dir widerfahren,
wo soll ich ihn aufbewahren?

Komm, verkneif dir jetzt dein Grinsen
und auch keine Weisheitsbinsen.
Ja, ich lass dir deine Freude
und den Spaß mit deiner Beute.

Affenhitze

Hitze mich nicht wirklich stört
dennoch ist es unerhört
was der Tag so mit uns macht,
schon um 5 die Sonne lacht
stehe fragend vor dem Schrank
macht das rote Kleid mich schlank,
darf ich so den Tag berühren
wird der Wind mich leicht verführen?

Mutig öffne ich die Tür
hoffnungsvoll der Sonnen Kür
sich vom Schönsten heut zu zeigen
tanzend zwischen Lindenzweigen,
bitt ich sie um ihr Erbarmen
gern darf sie mich auch umarmen,
aber ohne Sonnenbrand
also Wärme mit Verstand.

Und die Moral von dem Gedicht?
Schert euch um das Wetter nicht
egal, ob du dich stressen lässt
der Sommer feiert froh sein Fest
mit Sonne pur und Hitze laut
der Regen kribbelt auf der Haut.
Geht zum See, die Kleider aus,
macht euch einen Spaß daraus!

Der Bumerang

Geworfen ward ein Bumerang
mit voller Kraft und Energie
der Schwung aus tiefer Seele wuchs
zurückgekommen ist er nie.

Er ward gesichtet auf den Zweigen
einer Eiche riesengroß
der Wind begann heftig zu stürmen
worauf er stürzt hinab ins Moos.

Geflogen ist der Bumerang
durch des Waldes kühle Luft
schwebt im Zickzack auf die Erde
inhaliert der Gräser Duft.

Da plötzlich blickt herab ein Knabe
und hebt ihn auf den Bumerang
greift ihn fest mit beiden Händen
doch es währte nicht sehr lang.

Gekonnt entfloh der Bumerang
der niemals wieder jäh erspäht
aus den Fesseln sich befreit -
was für ein kluges Wurfgerät.

Rosenmontag

Pünktlich 8.00 Uhr betritt Lea ihr kleines
Blumengeschäft.
Noch 60 Minuten verbleiben bis die Kunden
ihren Laden betreten.
Ein kurzer Blick und sie weiß genau, was noch
zu arrangieren ist. Sie liebt jede einzelne Blüte,
die ihrem Raum ein besonderes Ambiente
verleiht. Die imposanten Farben der Ranunkel
lassen Lea kurzweilig träumen bis ein Klopfen
an der Fensterscheibe die Szene stört.
Da ist er wieder, der gutaussehende Herr, der
jeden Montag eine rote Rose kauft.
So auch heute. Seine Augen auf Lea gerichtet,
lassen ihr Herz höherschlagen.
Lächelnd überreicht er ihr die Rose und ein
Ticket mit der Aufschrift „Der Rosenkavalier."

Kapitel VI

Die Seelenvenus

Reif dein Blatt berührt
kristallklar schöne Blüten
ein Zauber erwacht,

schneeweiß die Wärme erstrahlt
Kälte aus den Herzen weicht.

Lichtblick

Das Licht in deinen Augen
mich intensiv berührt
die Stärke deiner Seele
die Traurigkeit entführt.

Dein Licht den Weg mir ebnet
mit Freude ich spazier'
der Blick schweift in die Ferne
im Wind ich mich verlier.

Dein Licht am Firmament
erstrahlt bei Tag und Nacht
das Leuchten deiner Augen
den Weg vertraut mir macht.

Das Licht ich in mir trage
der Elfe mystisch gleich
schöpf' Kraft aus deiner Güte
Finsternis der Hoffnung weicht.

Mein Tag

Ich hab mich in den Tag verliebt
da er mir all die Kraft heut gibt

um meine Träume zu erleben
erneut auf Wolke 7 schweben

mit Wind und Regen Hand in Hand
spaziere ich entlang am Strand

um tief das Meer zu inhalieren
mich in der Muse zu verlieren

den lang ersehnten süßen Kuss
mein Mund versinkt in deinem Fluss

um deine Liebe zu genießen
mein Herz für ewig aufzuschließen

ich niemals dich verlassen mag
denn heut ist unser Hochzeits-Tag.

Rosenrot

Die Lust der Rose in mir ruht
die Schönheit mich erregt
ihr süßer Duft so wohlgemut
ihr Antlitz jedes Herz bewegt.

Das Rosenrot der Blüte lacht
so filigran die Königin
ihr Zauber strahlend in der Nacht
so fließt die Sehnsucht leis dahin.

In Samt gehüllt ist die Natur
ein Streicheln meine Sinne weckt
die Rose stolz auf weiter Flur
die Knospe sie gen Himmel reckt.

Der Traum der Rose mich umhüllt
die Seele voller Glück sich wiegt
ihr Blütenblatt mit Lust gefüllt
die Leidenschaft der Rose siegt.

Bilder

Ich mag heut nicht im Regen tanzen
den Wind in meinem Herzen spüren
die Blütenblätter leise wispern
all meine Tränen sanft berühren.

Ich werd' mich heut den Zeilen widmen
die dir gebühren ganz allein
mich deiner Liebe sanft erinnern
wie gern würd ich jetzt bei dir sein.

Ich mag all deine Fotos sehen
deine Briefe neu sortieren
still in jenen Reisen weilen
die meine Seele fröhlich zieren.

Ich werd' heut deine Lippen fühlen
dein Lachen ganz allein genießen
die Wärme deiner Arme halten
lass meine Sinne langsam fließen.

Ich mag den Regen morgen lieben
nur heut schließ ich die Fenster zu,
um deine Nähe zu versuchen
frohlocken deinem Rendezvous.

Erregung

Unsere Hände sich lösen
unsere Herzen bluten
Tränen verzweifelt schreien
Angst mich entführt.

Unsere Blicke erstarren
unser Band im Winde weht
Kehlen leise ersticken
Angst mich berührt.

Unsere Küsse erlöschen
unsere Wärme erfriert
Zärtlichkeiten verloren
Angst mich entführt.

Unsere Liebe erschüttert
unsere Seelen bestürzt
Fragen ihrer Wege ziehen
Angst sich verliert.

Unsere Augen erblicken
Hoffnung am Horizont
Funken noch existieren
ein Lichtblick erstrahlt.

Blues

Der Blues in mir
ist deine Liebe
kraftvoll er bebt
pulsierend mein Herz.

Der Blues in mir
ist deine Stimme
leis sie mir flüstert
verführend im Wort.

Der Blues in mir
sind deine Hände
zärtlich sie wandern
den Hügel entlang.

Der Blues in mir
sind deine Küsse
süß die Berührung
in Wärme gehüllt.

Der Blues in mir
ist deine Nähe
gefesselt in Freude
folg ich deinem Takt.

Liebgesang

Wenn einst der Tag gekommen ist
an dem die Liebe nicht mehr lebt
dann bitt ich dich sei ehrlich mir
und zieh von dannen, fort von hier.

Niemand weiß was uns geschehen
wo die Flügel hin uns tragen,
wenn die Küsse still verblassen
zieh ich weiter ganz gelassen.

Doch so lang die Sterne leuchten
beide Herzen taktvoll schlagen
mag in deinem Arm ich liegen
zu den Wolken mit dir fliegen.

Herzenswunsch

Was ich mir wünsche ist nicht viel
braucht weder Zauber noch Magie
mich reizt allein das schönste Ziel,
den Wiesen Rosen ich verlieh.

Ich lad die Welt zum Tanzen ein
die Sonne strahlend Wärme schenkt
kein Mensch der traurig und allein
an den Verlust der Freude denkt.

Ein buntes Treiben Wellen schlägt
die Sprache keine Grenzen kennt
in Euphorie der Rhythmus prägt
im Klang der Liebe Feuer brennt.

Was ich mir wünsche ist nicht viel
braucht weder Glanz noch Edelstein
mich reizt allein das schönste Ziel,
die Welt soll voller Frieden sein.

Ohne dich

Ohne dich
ist der Tag viel zu leer
die Einsamkeit an die Türe klopft
Gedanken voller Sehnsucht versunken.

Ohne dich
ist der Tag viel zu kalt
Blüten ihre Köpfchen senken
Lindenzweige ihr Grün verlieren.

Ohne dich
ist der Tag viel zu karg
des Himmels Tränen laut weinen
dicke Wolken die Sonne bedecken.

Ohne dich
ist der Tag viel zu schwer
mein Herz im Labyrinth sich verirrt
die Balance den Boden unter den Füßen
verliert.

Ohne dich
kann der Tag nicht beginnen
Ohne dich
hat der Tag keinen Sinn.

Die Liebenden

Oh Juliet, oh Juliet
mein Herz vor Sehnsucht schreit
seitdem du einst gegangen bist
ich stets erwach in süßem Leid.

Die Dunkelheit mich überfällt
der junge Tag gleicht einer Nacht
das duftend Grün sich mir verschließt
die Leere mich so einsam macht.

Oh Juliet, oh Juliet
wie fehlt mir doch dein lieb Gesang
der Duft auf deiner zarten Haut
ich dürste nun schon tagelang.

Ein jeder Schritt in die Natur
verlangt nach deinem Angesicht
so stark die Blüte meiner Lust
die eine Rose mir verspricht.

Oh Juliet, oh Juliet
der Klänge froh in deinem Brief
lässt hoffen mich auf Wiederkehr
ich täglich deinen Namen rief.

Geborgen

In deinem Schoße ich gern ruh'
geborgen ich mich fühl bei dir
all deine Wärme deckt mich zu
gekonnt berührst du das Klavier.

Unser Lied lässt du erklingen
gar süß Melancholie erwacht
Herzen voller Freude singen
deine Nähe sprachlos macht.

In deinem Schoße träume ich
verlass die Erde still mit dir
selbst Luna so verführerisch
erhellt uns zwei in schönster Zier.

Auf den Wolken ich dich trage
schwebend ich die Liebe spür
unser Zauber lenkt die Waage
nur mit dir tanz ich die Kür.

In deinem Schoße sterbe ich
am Tag höchster Zufriedenheit,
wenn meine Lider schließen sich
bleibst du bei mir in Ewigkeit.

Erwacht

Immer wieder gibt es Träume,
die noch längst nicht ausgeträumt
Wolken schiebe ich beiseite
nichts was ich bisher versäumt.

Und so schreite ich dem Morgen
voller Lust und Mut entgegen
kühl der Wind mein Haar zerzaust
Geister durch den Kopf mir fegen.

Plötzlich halt ich ein in Stille
lausch dem Vogelpärchen zu,
es singt vom Glanze dieser Nacht,
die Fantasie erwacht im Nu.

Kostbarkeit

Folge mir
auf grünen Wiesen
mein Herz lädt dich
zum Träumen ein
ich mag den Regen
still genießen
die Perle wäscht
die Seele rein.

Deine Hände

So schön deine Hände
sie streicheln mein Haar
meine Wangen sie fühlen
unsere Blicke sie spüren
so schön deine Hände
im Frühling geboren
über Wolken verloren
meine Seele sie tragen.

So schön deine Hände
mich wärmen im Wind
in die Ferne mich führen
das Fremde berühren
so schön deine Hände
in der Stille sie ruhen
Geborgenheit schenken
in Treue verbunden.

So schön deine Hände.

Versöhnung

Ich möchte meine Hand dir reichen
dir sagen was mein Herz bedrückt
will stellen für uns neue Weichen
ich weiß für dich klingt das verrückt.

Ich möcht dir in die Augen sehen
erfahren welche Last du trägst
warum du schweigend in dir ruhst
die Sorgen deiner Seele pflegst.

Ich möchte wieder mit dir reden
im Einklang sein mit dir und mir
beseitigen die alten Fehden
ich brauche nur ein Wort dafür.

Ich möchte endlich wieder lachen
euphorisch mich im Kreise drehen
am Morgen wieder froh erwachen
vereint in Frieden auferstehen.

Irgendwann

Glaube nicht an irgendwann
deine Träume zu erleben
keiner weiß was morgen ist
ob du dir noch sicher bist
einem Jetzt die Chance zu geben.

Warte nicht auf einen Tag
jenes Glück froh zu empfangen
keiner weiß was morgen ist
ob du dann noch fähig bist
deine Träume aufzufangen.

Gib nicht auf die Illusion
deinem Herzen zu vertrauen
du allein vermagst zu wissen
ob es lohnt mit Kompromissen
deine Zukunft aufzubauen.

Der Sprung der Muse

In der Mitte der Brücke
zwischen uns eine Lücke
wir stehen gebannt
weiß wie eine Wand
nicht wissend wohin
verloren der Sinn
uns endlich zu spüren
die Muse zu küren
als mutig dein Sprung
frohlockend so jung
mich stürmisch berührt
meine Seele entführt
das Herz glücklich lacht
dein Wort mit Bedacht

reichst mir beide Hände
dein Kuss entfacht Brände.

Was für ein Früchtchen

Der Früchte süß ich mich erlabe
ihr Violet mich motiviert
stets von Neuem zuzugreifen
da ihr Geschmack mich fasziniert.

Es wird behauptet Retinol
sei gut für Augen und die Haut
der Stoffwechsel wird reguliert
wodurch der Körper schnell verdaut.

Vitamin B die Nerven stärkt
auch meinem Herzen dient Fructose
ihr rotes Fleisch gänzlich gesund
schützt vor Osteoporose.

Schon die Antike kultiviert
den Ficus carica mit Lust
die edlen Früchte heutzutage
ernten die Griechen im August.

Ich bin nicht feige, um zu fragen
wie man das gute Stück verzehrt
gekonnt entferne ich den Stängel
die Schale bleibt ganz unversehrt.

Der Früchte süß ich mich erlabe
am liebsten frisch als Fingerfood
mit Ziegenkäs gerollt in Schinken
Genuss auf meiner Zunge ruht.

Winterzauber

Verloren im Schnee
vergessen die Tränen
verführt der Dezember
mich still in sein Haus.

Verloren im Winter
verdrängt alle Sorgen
verbirgt der Dezember
den Frost vor der Tür.

Verloren in Stürmen
verborgen die Ängste
zeigt froh der Dezember
die Schönheit im Sein.

Verlangen

Ich brauche keine Insel
ich brauche auch kein Meer
ich brauch nur deine Nähe
und diese brauch ich sehr.

Ich brauche deine Hände
die fühlen sanft mein Herz,
wenn meine Tränen rinnen
spürst du allein den Schmerz.

Ich brauche deine Wärme,
wenn es im Sommer schneit
die Kälte mich erobert
dein Streicheln mich befreit.

Ich brauche keine Insel
ich brauche auch kein Meer
ich brauch nur deine Liebe
die Sehnsucht lockt so sehr!

Das Vorspiel

Sanft berührt Adam den Koffer aus Holz.
Behutsam öffnet er ihn und erblickt den
dunkelroten Samt, welcher die Kurven eines
Instrumentes bedeckt.
Es duftet nach Zeder und Jasmin.
Zögernd entfernen seine Finger das Tuch und
seine Augen streifen ihren Hals, ihre Schulter
und ihre Hüften. Wie Seide schimmert der
Korpus einer Geige im Licht. Das Zupfen einer
Saite entführt Adam in eine Welt der Fantasie.
Er wagt es kaum, den Bogen über die Saiten zu
streichen.
Doch dann erklingen sie, die Töne voller
Harmonie und der Bogen tanzt ohne Unterlass.
Adam schließt seine Augen und genießt den
Applaus des Publikums.

Danksagung

Ein Buch zu schreiben, ist eine besonders faszinierende Aufgabe und eine Herausforderung zugleich. Sobald das letzte Wort geschrieben ist, erstrahlt ein Lächeln im Gesicht des Autors und sein Herz beginnt vor Freude zu tanzen.

Doch ein Buch entsteht nicht allein durch den Autor. Oft begleitet ein kleines oder größeres Team das Projekt.
Jeder kritische Leser ist ein guter Berater und kann den Autor beflügeln, den einen oder anderen Gedanken neu zu betrachten oder sich gar in seinem geschriebenen Wort bestätigt fühlen.
Der erste Blick auf ein Buch ist der entscheidende, denn wenn das Cover nicht begeistert, geht dem Lesenden die Chance verloren, sich vom Inhalt des Werkes verzaubern zu lassen.

Sabina Nore, eine großartige Künstlerin aus Österreich ist auch für das exzellente Cover meines 3. Lyrikbandes verantwortlich. Ich liebe ihre außergewöhnlichen Bilder und möchte mich an dieser Stelle besonders für ihre Zusammenarbeit herzlich bedanken.
„Die Seelenvenus" erhält durch die bildliche Darstellung eine Einzigartigkeit, die für sich spricht.

Des Weiteren gilt ein großes Dankeschön den Testleserinnen Marieta Schorries und Carolin Winkler. Sie sind nicht nur Freunde der Lyrik, sondern hinterfragen auch kritisch die Verse und Gedichte. Ihr ehrliches Feedback waren für mich sehr konstruktiv und eine interessante Bereicherung.

Nicht vergessen möchte ich alle meine Leser, die bereits viel Freude beim Lesen meiner ersten beiden Gedichtbände hatten und mich ermutigten, weiterzuschreiben und immer wieder nach einer Fortsetzung fragten.
Eine Autorin ohne ihre Leser wäre wie eine Kaffeetafel ohne Kaffee und deshalb gebührt jedem einzelnen Rezipienten ein großes Dankeschön.

Natürlich möchte ich auch meinem lieben Mann von Herzen danken.
Er hat mich von Anfang an tatkräftig und intensiv unterstützt, um einen weiteren Traum zu realisieren. Sein Verständnis und seine Bewunderung für meine Arbeit als Autorin schenkten mir sehr viel Kraft und Freude, meinen dritten Lyrikband zu schreiben und zu veröffentlichen.

Über die Autorin

Heike Hoffmann wurde in
Halle an der Saale geboren,
wo sie ebenfalls aufwuchs,
zur Schule ging und wo sie
an der Martin-Luther-
Universität ihr Studium als
Diplomlehrerin ablegte.
Sie unterrichtet die Fächer
Englisch und Psychologie
an einem halleschen
Gymnasium.

Sie ist verheiratet und hat zwei erwachsene Kinder.

Die Literatur begleitete sie bereits in ihrer frühen
Kindheit. Es verging kaum ein Tag, an dem sie nicht in
einem Buch versank und in die Welt der Protagonisten
eintauchte. Während des Studiums entdeckte sie ihre
Freude für die Lyrik. Poesie von Eva Strittmatter,
Theodor Storm, Rainer Maria Rilke und natürlich den
Klassikern wie Goethe, Schiller, Heine oder
Eichendorff u.a. begeisterten sie sehr. Heute liest sie
gern Gedichte von Mascha Kaléko.

Von den großen Dichtern inspiriert, begann sie ihre
ersten eigenen Gedichte zu schreiben. Das Vergnügen

am geschriebenen Wort entwickelte sich zu einer wahren Leidenschaft.

Im September 2016 veröffentlichte sie ihren ersten Lyrikband „Die Seelenmuse" und zwei Jahre später folgte „Die Seelenlyra", welcher im Apollon Tempel Verlag erschien.

Durch zahlreiche Feedbacks, viele Rezensionen und persönliche Gespräche erfuhr die Autorin, wie sehr sie ihre Leserschaft mit ihren Gedichten fesselte und berührte. So entschied sie sich die Trilogie zu vollenden und einen dritten Lyrikband zu schreiben. „Die Seelenvenus" widmet sich ganz unterschiedlichen Themen des Alltags und begegnet zugleich immer wieder gern der Natur mit ihrer einzigartigen Pracht und Schönheit. Dabei steht der Mensch mit seinen Emotionen, seinen Träumen und Hoffnungen im Mittelpunkt, seine Tränen und sein Schmerz finden ebenso ihre Berücksichtigung.

In ihrem Gedichtband begleitet die Autorin den Leser auf eine Reise zu sich selbst und macht ihm Mut, sich auf neue Pfade einzulassen.

Wenn Heike Hoffmann nicht schreibt und arbeitet, genießt sie die Kultur und Kunst in ihrer Umgebung oder entdeckt neue Inspirationen in fernen Ländern. Sie ist neugierig auf das Leben und versinkt auch heute noch gern in der Fülle vieler Bücher.

Weitere Information zur Autorin gibt es auf ihrer
Homepage.
www.seelenmuse.com

Inhaltsverzeichnis

Bereits veröffentlichte Bücher der Autorin Heike Hoffmann

ISBN: 9783741262944

ISBN: 9783981876857